relax

VERDI:
NABUCCO

Opera en Cuatro Partes

relax

Traducción al Español y Comentarios
por E. Enrique Prado

relax

Libreto de
Temistocle Solera

Jugum Press

ISBN-13: 978-1-939423-58-0
ISBN-10: 1-939423-58-9

Estudio de Composer Giuseppe Verdi de Wikimedia Commons – en.wikipedia.org
(en el dominio público en los Estados Unidos y otros países)

Impreso en los Estados Unidos de América
Publicado por Jugum Press
www.jugumpress.com

Edición y diseño:
Annie Pearson, Jugum Press
Consultas y correspondencia:
jugumpress@outlook.com

Índice

Prefacio ৪৩ Nabucco

Nabucco es la tercera opera escrita por Giuseppe Verdi, está basada en el libreto escrito por Temistocle Solera.

En los días que siguieron a la muerte de la esposa de Verdi que ocurrió poco después del fallecimiento de sus dos hijos, el autor se encontraba abatido por un profundo estado de depresión cuando fue visitado por Bartolomeo Merelli, entonces empresario del Teatro de La Scala, para mostrarle el libreto de Nabucco y le pidió lo leyera para que sobre él escribiera la música de la ópera. Verdi se negó, cuando se despidieron, Merelli le introdujo en el bolsillo del saco el libreto. Verdi llegó a su casa, arrojó el libreto sobre una mesa y este quedó abierto en la página correspondiente al famoso coro "Va pensiero"; al leerlo, el autor se fascinó con el texto y decidió escribir la música.

Originalmente la opera se presentó con el nombre de Nabucodonosor, el estreno fue la noche del 9 de Marzo de 1842, siendo recibida con gran entusiasmo por el público. Los cantantes que estrena ron la obra fueron: Ronconi en el papel principal, Derivis, el bajo en el papel de Zacarías y Josefina Strepponi como Abigail.

En ésta temporada la obra se presentó exitosamente en ocho ocasiones; en el otoño siguiente fue presentada 67 veces, rompiendo todos los records de la Scala. Ya en estos días la opera fue conocida con el abreviado nombre de Nabucco mismo que desde 1844 es oficial.

En 1842 el norte de Italia aún se encontraba bajo la dominación de Austria. En forma un tanto significativa, Nabucco comienza con una invasión y termina con una victoria, es decir que puede pensarse que Verdi la escribió a manera de profecía, la cual se cumplió pocos años después cuando Italia recuperó los territorios invadidos.

Nabucco no está dividida en Actos sino en Partes. Esto no fue por casualidad sino que se hizo así para obtener cuatro cuadros diferentes que tomados juntos integran un panorama con caracteres vistos desde diferentes puntos de vista y en diferentes contextos.

En obras posteriores, Verdi se propuso incitar a la audiencia a pensar, pero en ésta lo que quiso fue que los espectadores saltaran de sus asientos y gritaran con patriótico entusiasmo y eso fue lo que logró.

Traducción y comentarios por
E. Enrique Prado Alcalá
Tepoztlán, Agosto de 1997

Sinopsis ∞ Nabucco

El rey de Babilonia Nabucodonosor II tomó el poder en el año 605 A.C. Su reinado se caracterizó por las obras que construyó en la ciudad y que la convirtieron en una de las siete maravillas del mundo. En 586 A.C. Nabucodonosor invadió el reino de Judea y destruyó el Templo de Salomón en Jerusalén. Fueron tomados muchos prisioneros que se utilizaron como fuerza de trabajo en Babilonia.

Primera Parte

Las tropas Asirias al mando de Nabucodonosor se encuentran a las puertas de Jerusalén. Dentro del Templo de Salomón muchos hebreos se han reunido para rezar por la paz. El Gran Sacerdote Zacarías mantiene como rehén a Fenena, hija de Nabucodonosor y confía en que esto mantendrá adosa los invasores.

Ismael, hijo del rey de los hebreos llega con la noticia de que la invasión ha comenzado, Zacarías hace entrega de Fenena a Ismael para que la proteja de cualquier daño y luego se marcha a defender la ciudad junto con los hebreos.

Ismael y Fenena se conocieron y se enamoraron cuando él fue embajador en Babilonia, pero Fenena tenía como rival de amores a Abigail su hermana mayor, que constantemente asediaba a Ismael.

Abigail hace su aparición al frente de un grupo de soldados asirios vestidos como hebreos, ella trata una vez más de convencer a Ismael del amor que ella siente por él pero éste la rechaza.

Los babilonios han tomado la ciudad y los hebreos se refugian en el Templo; Abigail y muchos soldados babilonios entran, seguidos por Nabucodonosor. Zacarías toma a Fenena y amenaza con apuñalarla entonces Ismael interviene y la salva. Al ver a su hija fuera de peligro, Nabucodonosor ordena la destrucción del templo.

Segundo Parte

Escena I

Abigail encontró en el palacio real en Babilonia, los documentos que prueban que ella no es hija de Nabucodonosor sino solo una esclava por nacimiento. El rey se encuentra en la guerra y Fenena es el gobernante en su lugar. El Gran Sacerdote de Baal llega a las habitaciones de Abigail en el palacio con la noticia de que Fenena ha iniciado la liberación de los prisioneros hebreos y con el apoyo del sacerdote y de sus hombres Abigail decide tomar el trono.

Escena II
Por la noche, Zacarías va a la cámara de Fenena para recibirla dentro de la religión judía.

Ismael pide perdón a los judíos por su aparente traición, llega Zacarías acompañado por Ana su hermana y por Fenena y se anuncia la conversión de la princesa. Llega un mensajero con la noticia de que Nabucodonosor ha muerto y de que ahora Abigail ha tomado el control, entonces trata de arrebatarle la corona a Fenena cuando de pronto aparece Nabucodonosor y tomando la corona desafía a su hija adoptiva a enfrentarlo. El anuncia su renuncia al dios Baal y se proclama a sí mismo como un dios. En ese momento un rayo cae por encima de él y su corona cae de su cabeza. Zacarías concluye que el cielo ha castigado su blasfemia. El rey parece enloquecer, Abigail aprovecha la oportunidad para tomar la corona y proclama que el pueblo de Baal no perderá su grandeza.

Tercera Parte

Escena I
Abigail ha tomado el trono. El Gran Sacerdote la visita en los Jardines Colgantes y le pide que firme un decreto para masacrar a todos los hebreos incluyendo a Fenena. Aparece Nabucodonosor un tanto perturbado. El sacerdote los deja solos y ella convence al rey de que firme el decreto. El rey de pronto recuerda que ha decretado también la muerte de Fenena sin embargo Abigail ya había ordenado que se iniciase la ejecución. El rey pide el documento que prueba que Abigail no es su hija, ella lo toma y lo rompe.

Las trompetas anuncian que la masacre está a punto de empezar el rey llama a sus guardias, pero es detenido por los soldados de Abigail y queda en calidad de prisionero.

Escena II
Los hebreos se encuentran trabajando como esclavos en las orillas del Éufrates, pensando en su patria y en su libertad (Va pensiero), llega Zacarías y les revela la profecía en que se anuncia el final de su cautiverio y la caída del Imperio Babilonio.

Cuarta Parte

Escena I

Nabucodonosor duerme sentado en su habitación, despierta sobre saltado por haber tenido una pesadilla Escucha ruidos de tumultos afuera y se acerca a la ventana entonces ve a Fenena y a los hebreos que son conducidos a la muerte. El trata de salir de su habitación, pero se encuentra cerrada con llave, el guardia que lo cuida se da cuenta de que él se encuentra de nuevo en sus cabales, lo libera y le da una espada. El rey se dispone con sus seguidores a retomar el trono.

Escena II

Fenena es traída a los Jardines Colgantes para ser ejecutada Zacarías el ánima a que piense en el cielo y le dice que morirá corno una mártir. Entra Nabucodonosor seguido por sus soldados y de tiene la ejecución. El dios Baal, se cae y se rompe. El rey dice a los hebreos que pueden regresar a su tierra y les revela que ahora él también creé en su Dios. Abigail al verse derrotada se envenena y antes de morir, sostenida por dos soldados pide perdón a Fenena.

FIN

Reparto ❧ Nabucco

NABUCODONOSOR, Rey de Babilonia — barítono

ISMAEL, nieto de Sede quías, Rey de Jerusalén — tenor

ZACARIAS, gran Papa de los judíos — bajo

ABIGAIL, esclavo, hija mayor de Nabucodonosor cree que — soprano

FENENA, la hija de Nabucodonosor — soprano

GRAN SACERDOTE, de Belo — bajo

ABDALO, viejo oficial rey de Babilonia — tenor

ANA, hermana del Zacarías — soprano

CORO: Babilónico, soldados, judíos, levitas, Virgen judíos, babilónico, Reyes Magos, las mujeres en el Reino de Babilonia, la gente, etc.

Libreto ℘ Nabucco

Primera Parte

Jerusalén
Así habló el Señor: Entregaré ésta ciudad al Rey de Babilonia
y él la destruirá por medio del fuego. – Jeremías

En el interior del Templo de Salomon.

HEBREOS Y DONCELLAS

Gli arrivi festivi giù cadano infranti
Il popol di Giuda di lutto s'ammanti!
Ministro dell'ira del Nume sdegnato.
Il rege d'Assiria su noi già piombò!
Di barbare schiere l'atroce ululato
Nel santo delubro del Nume tuonò.

1. ¡Derriben y destruyan las decoraciones festivas
El pueblo de Judea viste de luto!
¡Por la ira de Dios el rey de Asiria
ha caído sobre nosotros!
Los terribles gritos de los barbares han
invadido el santo templo de Dios.

RABINOS

I candidi veli, fanciulle squarciate
Le supplici braccia gridando levate.
D'un labbro innocente la viva preghiera
E dolce profumo gradito al Signa!
Pregate, fanciulle! In voi della fiera
Falange nemica s'acqueti al furor.

2. Doncellas, rasguen sus velos
levanten sus brazos suplicantes.
¡Las fervientes oraciones de sus inocentes
labios son grato perfume para Dios!
¡Recen doncellas! Para que se anule el furor
de los enemigos.

DONCELLAS

Gran Nume, che voli sull'ale dé venti
Che il folgor sprigioni di nembi frementi,
Disperdi, distruggi d'Assiria le schiere
Di David la figlia ritorna al gioir.
Peccammo! Ma in cielo le nostre preghiere,
Ottengan pietade, perdono al fallir.

3. Gran Dios, que vuelas en las alas del viento
Libera el rayo de la nube y dispersa,
destruye las legiones asirias.
Deja que la alegría retorne a las hijas de David
¡Pecamos! Pero en el cielo,
nuestros ruegos obtendrán perdón.

TODOS

Deh! L'empio non gridi
con baldo blasfema:
Il Dio d'Israello si cela per tema?
Non far che i tuoi figli divengano preda
D'un folle che sprezza l'eterno poter!
Non far che sul trono davidico sieda
Fra gli idoli stolti l'assiro stranier!...

4. ¡No dejes a los perversos gritar
su blasfema presunción:
El Dios de Israel se esconde por miedo?
¡No dejes que tus hijos se conviertan en presa
de un loco que presume de eterno poder!
¡No permitas que el trono de David sea
ocupado por los falsos ídolos asirios!...

Entra Zacarias llevando a Fenena de la mano.

ZACARIAS

Sperate, o figli! Iddio
Del suo poter diè segno.
Ei trasse in poter mio
Un prezioso pegno.

Del re nemico prole,
Pace apportar ci può.

5. ¡Esperen hijos míos! Dios
De su poder dio una señal.
El dejó en mi poder
Una prenda preciosa.

(Señala a Fenena)
Hija del rey enemigo
Que nos va a traer la paz.

CORO

Di lieto giorno un sole
Forse per noi spuntò!

6. ¡El sol de un alegre día
quizás para nosotros se alzó!

ZACARIAS

Freno al timore! V'affidi
D'Iddio la eterna aita.
D'Egitto là sui lidi
Egli a Mosè diè vita.
Di Gedeone i cento
Invitti Ei rese un dì...
Chi nell'estremo evento
Fidando in Lui perì?...

7. ¡No tengan temor!
Confíen en la eterna ayuda de Dios
En las costas de Egipto
El a Moisés le dio vida
A los cien hombres de Gedeón
un día los hizo invencibles. Quien,
en el extremo evento confiando en
¿Él ha muerto?...

CORO

Di lieto giorno un sole.

8. De alegre día un sol.

ZACARIAS

Freno al timor!

9. ¡No tengan temor!

CORO

... di lieto giorno un sole.

10. De alegre día un sol.

ZACARIAS

Freno al timor!

11. ¡No tengan temor!

CORO

... di lieto giorno un sole
forse per noi spuntò!

12. ... ¡de alegre día un sol
quizás para nosotros se alzó!

ZACARIAS
V'affidi d'Iddio l'eterna aita.
Chi nell'estremo evento
fidando in Lui peri?...

CORO
Per noi spuntò!

RABINOS
Qual rumore?

13. Confíen en la eterna ayuda de Dios.
¿Quién en el extremo evento
confiando en Él ha perecido?...

14. ¡Para nosotros se alzó!

15. ¿Qué es ese ruido?

Entra Ismael seguido por algunos guerreros hebreos.

ISMAEL
Furibondo
Dell'Assiria, il re s'avanza.
Par che'ei sfidi intero il mondo
Nella fiera sua baldanza!

TODOS
Pria la vita...

ZACARIAS
Forse fine
Vorrà il cielo all'empio ardire.
Di Sion sulle rovine
Lo stranieri non poserà.

Questa prima fra le Assire
A te fido.

TODOS
Oh! Dio pieta!

ZACARIAS
Come notte a sol fulgente
Come polve in preda al vento,
Sparirai nel gran cimento
Dio di Belo menzognere.
Tu d'Abramo Iddio possente,
A pugnar con noi discendi.

CORO
Né tuoi servi un soffio accendi
Che dia morte allo stranieri.

ZACARIAS
Né tuoi servì un soffio accendi,
Che sia morte allo stranier.

16. Furibundo
El rey de Asiria avanza.
¡Desafiando al mundo entero
con su feroz arrogancia!

17. Mejor moriremos...

18. Quizá el cielo pondrá fin
a los perversos intentos
del extranjero para pisar
las ruinas de Sion.

(A Ismael al tiempo que le entrega a Fenena)
Esta primera dama de los asirios,
a ti confío.

19. ¡Piedad! ¡Oh Dios!

20. Como la noche ante el sol radian te
Como polvo frente al viento
desaparecerás
falso dios de Baal.
Tu poderoso Dios de Abraham
desciende a pelear con nosotros.

21. De tus siervos un suspiro
nace que dará muerte al invasor.

22. De tus siervos un suspiro
nace que dará muerte al invasor.

CORO
Come notte a sol fulgente
Come polve in preda al vento
Sparirai nel gran cimento
Dio di Belo menzognere.

23. Como la noche ante sol radiante
Como polvo ante el viento
Desaparecerás
falso dios de Baal.

Salen todos dejando a Ismael con Fenena.

ISMAEL
Fenena! Oh mia diletta!

24. ¡Fenena! ¡Oh amada mía!

FENENA
Nel dì della vendetta
Chi mai d'amor parlò?

25. ¿En el día de la venganza
quien puede hablar de amor?

ISMAEL
Misera! Oh come
Più bella or fulgi agli occhi miei d'allora
Che in Babilonia ambasciator di Giuda
Io venni! Me traevi
Dalla prigion con tuo grave periglio,
Né ti commosse l'invido e crudele
Vigilar di tua suora,
Che me d'amor furente.
Perseguitò!

26. ¡Pobrecita! Ahora
¡Me pareces más bella
que cuando en Babilonia de Judea
fui embajador! Yo vine.
Tú me rescataste de la prisión con gran peligro
para ti a pesar de la vigilancia y de la
envidia de tu hermana
que con furiosa pasión me.
¡Persiguió!

FENENA
Deh! Che rimembri! Schiava
Or qui son io!

27. ¡Oh! ¡Que remembranza!
¡Esclava aquí yo soy!

ISMAEL
Ma schiuderti il cammino
Io voglio a libertà!

28. ¡Pero yo te abriré el camino
a la libertad!

FENENA
Deh! Che rammenti schiava
Or qui son io!

29. ¡Que remembranza!
¡Esclava aquí yo soy!

ISMAEL
Vieni! Tu pure
L'infrangevi per me. Vieni! Il mio petto
A te la strada schiuderà fra mille.

30. ¡Ven! ¡Tú pura
Te arriesgaste por mí! Mi corazón
te abrirá el camino mil veces.

Mientras él trata de abrir una puerta secreta, Abigail entra espada en mano al frente de un grupo de soldados babilonios disfrazados de hebreos.

ABIGAIL
Guerrieri, è preso il tempio!

31. ¡Guerreros, hemos tomado el Templo!

FENENA, ISMAEL
Abigail!

32. ¡Abigail!

ABIGAIL
Prode guerrier!
D'amore Conosci tu sol l'armi?

D'assira donna in core
Empia tal fiamma or parmi!
Qual Dio vi salva? Talamo
La tomba a voi sarà...
Di mia vendetta il fulmine
Su voi soppeso è già!

Io t'amava! Il regnoe il core
Pel tuo core io dato avrei!
Una furia è quest'amore,
Vita o morte, ei ti può dar.
Ah, se m'ami, ancor potrei,
Il tuo popol salvar!

ISMAEL
Ah no! La vita io t'abbandono
Ma il mio core nol poss'io;
Di mia sorte io lieto sono,
Ma io per me, no, per me non so tremar.

ABIGAIL
Io t'amava
Una furia è questo amore.

FENENA
Ah! Già t'invoco, già ti sento
Dio verace d'Israello;
Non per me nel fier cimento
Ti commova il mio pregar.

ISMAEL
Ma ti possa il pianto mio
Pel mio popolo parlar.

ABIGAIL
Ah, se m'ami, ancor potrei,
Il tuo popolo salvar

FENENA
Sol proteggi il mio fratello,
E me danna a lagrimar. Ah!

33. *(A Ismael)*
¡Valiente guerrero!
¿Solo conoces las armas del amor?

(A Fenena)
¡El amor de la dama asiria
ahora me parece ser perverso!
¿Cuál Dios te salvará? La tumba
será vuestro tálamo...
¡El rayo de mi venganza
pende sobre ustedes!

(A Ismael)
¡Yo te amaba! ¡El reino, el corazón
yo hubiera dado por tu corazón!
Ahora, una furia es éste amor.
Yo puedo darte vida o muerte.
¡Ah, sí me amas yo podría aun
a tu pueblo salvar!

34. ¡Ah no! Puedo entregarte mi vida
pero no mi corazón;
Estoy contento con mi suerte
Pero no tengo temor por mí.

35. Yo te amaba
Una furia es éste amor.

36. ¡Ah! Yo te invoco, yo te siento
Dios verdadero de Israel;
que no sea por mí que
te conmueva mi plegaria.

37. Deja que mi llanto
hable por mi pueblo.

38. Ah, sí me amas aun podré
a tu pueblo salvar.

39. Solo protege a mis hermanos
y condéname a llorar. ¡Ah!

ISMAEL
Ma possa il pianto mio.
Ah, sì parlar.
Pel mio popolo parlar!

40. Deja que mi llanto.
Hable.
¡Que hable por mi pueblo!

Envueltos en pánico entran hombres y mujeres hebreas con Ana.

ANA, MUJERES
Lo vedeste? Fulminando
Egli irrompe nella folta!

41. ¿Lo viste? ¡Fulminante
él entra en la batalla!

ANCIANOS
Sanguinoso ergendo il brando
Egli giunge a questa volta!

42. ¡Blandiendo su espada sangrante
él viene hacia acá!

RABINOS
Dé guerrier invano il petto
S'offre scudo al santo tempio!

43. ¡En vano los soldados ofrecen su
pecho como escudo para el Templo!

MUJERES
Dall'Eterno è maledetto
Il pregare, il nostro pianto!

44. ¡El Eterno ha maldecido
nuestros ruegos y nuestro llanto!

TODOS
Oh, felici chi morì,
Pria che fosse questo dì!

45. ¡Felices los que murieron
antes de que llegara éste día!

Entran soldados hebreos desarmados.

GUERREROS
Ecco il rege! Sul destriero
Verso il Tempio s'incammina,
Come turbine che nero
Tragge ovunque la ruina.

46. El rey en su caballo
hacia el Templo se dirige,
como negro remolino que lleva
a todas partes la ruina.

ZACARIAS
Oh baldanza! Né discende
Dal feroce corridor!

(Entrando precipitadamente)
47. ¡Que tremendo! ¡El no aminora
su furioso ataque!

TODOS
Ahi sventura! Chi difende
Ora il tempio del Signor?

48. ¡Que desgracia! ¿Quién defenderá
ahora el Templo del Señor?

ABIGAIL
Viva Nabucco!

49. ¡Viva Nabucco!

VOCES
Viva!

50. ¡Viva!

ZACARIAS
Chi il passo agl'empi apriva?

51. ¿Quién abrió paso a los impíos?

ISMAEL

Mentita veste!

ABIGAIL

È vano l'orgoglio.
Il re s'avanza!

52. *(Señalando a los Babilonios disfrazados de hebreos.)*
¡Uniformes falsos!

53. Es vano el orgullo.
¡El rey avanza!

Soldados babilonios invaden el Templo.
Nabucodonosor aparece montado en su caballo pero es detenido por Zacarias.

ZACARIAS

Che tenti? ... Oh trema insano!
Questa è di Dio la stanza!

54. ¿Qué haces?... ¡Oh, tiembla loco!
¡Esta es la casa de Dios!

NABUCCO

Di Dio che parli?

55. ¿De cuál Dios hablas?

ZACARIAS

Pria
Che tu profani il tempio
Della tua figlia scempio
Questo pugnal farà!

56. *(Tomando a Fenena y amenazándola con una daga.)*
¡Antes
de que profanes el Templo
de tu hija ejemplo
este puñal hará!

NABUCCO

Si finga, e l'ira mia
Più forte scoppierà.
Tremin gli insani del mio furore
Vittime tutti cadranno omai!
In mar di sangue fra pianti e lai
L'empia Sionne scorrer dovrà!

57. *(Desmontando)*
Si enorme es mi ira
y más fuerte se tornará
Tiemblen ante mi furia.
¡Todos caerán como victimas!
¡En un mar de sangre y entre
lágrimas Sion transitará!

FENENA

Padre, pietade!
Vicina a morte per te qui sono!

58. ¡Padre, ten piedad!
¡Cerca de la muerte por ti aquí estoy!

ISMAEL, ANA, ZACARIAS, HEBREOS

Tu che a tuo senno dé regi il core
Vogli, o gran Nume, soccorri a noi.

59. Tu que riges los corazones
de los reyes, socórrenos Señor.

ABIGAIL

L'impeto acqueta del mio furore
Nuova speranza che a me risplende.

60. Aquieta el ímpetu de mi furia
nueva esperanza que a mi resplandece.

NABUCCO

L'empia Sionne scorrer dovrà!

61. ¡Entre sangre Sion transitará!

ABIGAIL

Colei, che il solo mio ben contende
Sacra a vendetta forse cadrà!

62. ¡Esa que pelea por mi hombre
caerá víctima de mi venganza!

ISMAEL, ANA, ZACARIAS, HEBREOS
Soccorri a noi, gran Nume!
China lo sguardo sù figli tuoi,
Che a rie catene s'apprestan già!

NABUCCO
In mar di sangue fra pianti e lai,
L'empia Sionne scorrer dovrà.

FENENA
Padre, pietade, pietà!
Padre, pietade ti parli al core!
Vicina a morte per te già son!
Sugl'infelici scenda il perdono.
E la tua figlia salva sarà!

NABUCCO
O vinti, il capo a terra!
Il vincitor son io.
Ben l'ho chiamato in guerra,
Ma venne il vostro Dio?
Tema ha di me; resistermi,
Stolti, chi mai, potrà?

ZACARIAS
Iniquo, mira! Vittima
Costei primiera io sveno!
Sete hai di sangue? Versilo
Della tua figlia il seno.

NABUCCO
Ferma!

ZACARIAS
No pera!

63. ¡Socarrenas gran Señor!
¡Dirige tu mirada a
Tus hijos que van a ser encadenados!

64. En un mar de sangre y entre
lágrimas Sien deberá transitar.

65. ¡Padre ten piedad, piedad!
¡La piedad te habla al corazón!
Cercana a la muerte por ti ya estoy.
Perdona a tus víctimas.
¡Y tu hija será salvada!

66. ¡He vencido... arrodíllense!
¡El vencedor soy yo
Yo lo he retado
pero vino vuestro Dios?
¿Tiene temor de mí; quien entre
ustedes podrá resistirme?

(Levantando el puñal sobre Fenena.)

67. ¡Inicuo, mira! ¡La primera víctima
será ésta mujer!
¿Este sediento de sangre?
Ella brotará del seno de tu hija.

68. ¡Detente!

(A punto de apuñalarla.)

69. ¡No, ella morirá!

Súbitamente Ismael le arrebata el puñal y libera a Fenena quien corre a refugiarse en los brazos de su padre.

ISMAEL
Misera, L'amor ti salverà!

NABUCCO
Mio furore non più costretto
Fa dé vinti atroce scempio.

Saccheggiate, ardete il tempio!
Fia delitto la pietà!

70. ¡Infeliz muchacha, el amor te salvará!

71. Mi furia no se ha calmado
haré una masacre con los vencidos.

(Ordena a sus soldados.)
¡Saqueen e incendien el Templo!
¡La piedad será un delito!

ABIGAIL
Questo popol maledetto
Sarà tolto dalla terra...
Ma l'amor che mi fa guerra
Forse allor s'estinguerà?
Se del cor nol può l'affetto
Pago l'odio almeno sarà!

ANA, FENENA, ISMAEL
Sciagurato ardente affetto
Ah! Sul ciglio un velo stese!
Ah! L'amor che sì lo accese
Lui d'obbrobrio coprirà!
Deh non venga maledetto...
L'infelice per pieta!

NABUCCO
Saccheggiate, ardete il tempio
Fía delitto la pietà.
Delle madri invano il petto
Scudo ai pargoli sarà!

ZACARIAS, HEBREOS
Dalle genti sei rejetto
Di fratelli traditore!
Il tuo nome maledetto
Fia l'obbrobrio per pietà!

FENENA, ISMAEL
Deh non venga maledetto
L'infelice, per pieta!

NABUCCO
Saccheggiate!

ABIGAIL
Ma l'amor che mi fa guerra
Forse allor s'estinguerà?

ANA, FENENA, ISMAEL
Deh non venga maledetto
L'infelice per pieta!

ZACARIAS, HEBREOS
Oh fuggite il maledetto
Terra e cielo griderà!

72. Este pueblo maldito
será borrado de la tierra...
¿Pero el amor que me hace la guerra
acaso se extinguirá?
¡Si mi corazón no logró el amor
mi odio al menos satisfaré!

73. ¡Hombre infeliz, su afecto
le ha puesto un velo en los ojos!
¡Ah! ¡El amor que ahora siente
lo cubrirá dé oprobio!
Dios, no permitas que sea maldecido...
¡Ten piedad!

74. Saqueen e incendien el Templo
La piedad será un delito.
¡El pecho de las madres
no será un escudo para su prole!

(A Ismael)
75. ¡Que te rechace la gente
traidora de tus hermanos!
¡Tu nombre maldecido
será de oprobio por siempre!

76. ¡No maldigas a este infeliz
Ten piedad!

77. ¡Saqueen!

78. ¿Pero el amor que me hace la guerra
acaso se extinguirá?

79. ¡No maldigas a éste infeliz
Ten piedad!

80. ¡Aléjense del maldito
La tierra y el cielo gritarán!

Segundo Parte

El Hombre Perverso

He aqui la tormenta del señor que caerá sobre el hombre perverso. – Jeremías

Escena I

Un apartamento en el palacio real de Babilonia.
Abigail entra de prisa llevando un documento en su mano.

ABIGAIL

Ben io t'invenni, o fatale scritto! In seno
Mal ti celava il rege, onde a me fosse
Di scorno! Prole Abigail di schiavi!
Ebben! Sia tale ... Di Nabucco figlia
Qual l'Assiro mi crede.

Che sono io qui? Peggior che schiava!
Il trono affida il rege alla minar Fenena.

Mentr'ei fra l'armia
sterminar Giudea
L'animo intende! Me gli amori altrui
Invia dal campo a qui mirar!
Oh iniqui
Tutti, e più folli ancor... d'Abigaille.
Mal conoscete il core!
Su tutti il mio furore
Piombar vedrete! Ah si! Cada Fenena ...
Il finto padre! Il regno!
Su me stessa rovina, o fatal sdegno!

Anch'io dischiuso un giorno
Ebbi alla gioia il core
Tutto parlarmi intorno
Udia di santo amore;
Piangeva all'altrui pianto.
Soffriva degli altri al duolo.
Ah! Chi del perduto incanto
Mi torna un giorno sol?
Piangeva al altrui piante, etc.

81. Te encontré fatal escrito que el rey escondía
como prueba de que prole
de esclavos es Abigail. Así sea,
pero hija de Nabucco los asirios me creen.
¿Que soy aquí?

¡Peor que esclava!
El rey confía el trono a Fenena.

Mientras él entre las armas quiere
exterminar a Judea,
me envía al campo a mirar
los amores de otros.
Oh inicuos
mal conocen el corazón... de Abigail.
¡Verán caer mi furia sobre todos!
Dejen que Fenena caiga...
¡Mi falso padre y el reino!
¡También será mi ruina
Oh fatal cólera!

Yo también un día abrí
a la felicidad mi corazón.
En mi entorno
todo hablaba de santo amor:
Lloraba las lágrimas de otros.
Sufría el duelo de otros.
¡Ah! ¿Ese encanto perdido
regresará algún día?
Lloraba las lágrimas de otros, etc.

Entra el gran sacerdote de Baal acompañado de los magos.

Chi s'avanza?   ¿Quién viene?

GRAN SACERDOTE
Orrenda scena
S'è mostrata agl'occhi miei!

ABIGAIL
Oh! Che narri?

GRAN SACERDOTE
Empia è Fenena
Manda liberi gli Ebrei.

ABIGAIL
Oh!

GRAN SACERDOTE
Questa turba maledetta
Chi frenare omai potrà?
Il potere a te s'aspetta...

ABIGAIL
Come?

GRAN SACERDOTE
Il tutto è pronto già.

GRAN SACERDOTE, MAGOS
Noi già sparso abbiamo fama
come il re cadesse in guerra.
Te regina il popol chiama
A salvar l'Assiria terra.
Solo un passo... è tua la sorte!
Abbi cor!

ABIGAIL
Son tuo! ... Vá!
Oh fedel di te men forte
Questa donna non sarà!
Salgo già del trono aurato
Lo sgabello insanguinato.
Ben saprà la mia vendetta
Da quel seggio fulminar.
Che lo scettro a me s'aspetta
Tutti i popoli vedranno, ah!
Regie figlie qui verranno
L'umile schiava a supplicar.

GRAN SACERDOTE, MAGOS
E di Belo la vendetta
Con la tua saprà tuonar.

82. ¡Horrenda escena
han visto mis ojos!

83. ¡Oh! ¿Qué dices?

84. Fenena es perversa
Está liberando a los hebreos.

85. ¡Oh!

86. ¿A esta turba maldita
quien podrá detenerla?
El poder te espera...

87. ¿Como?

88. Todo está listo ya.

89. Nosotros esparcimos el rumor
de que el rey murió en la guerra.
El pueblo te aclama como reina
para salvar la tierra asiria.
¡Solo un paso... la fortuna es tuya!
¡Corazón fuerte!

90. ¡Estoy con ustedes!... ¡Adelante!
¡Oh fiel consejero, menos fuerte
que tú, esta mujer no será!
Subo ya al trono dorado
con su asiento ensangrentado
Bien podré desde ese sitio
ejercer mi venganza.
¡El cetro me espera
todo el pueblo lo verá!
Aquí veremos a las hijas de los reyes,
suplicar ante la humilde esclava.

91. Y la venganza de Baal
junto con la tuya tronará.

ABIGAIL
Salgo già del trono aurato... etc.

92. Subo ya al trono dorado... etc.

GRAN SACERDOTE, MAGOS
E di Belo la vendetta
Con la tua saprà tuonar.

93. Y de Baal la venganza
Junto con la tuya tronará.

ABIGAIL
... l'umile Schiava a supplicar.

94. ... a suplicar ante la humilde esclava.

Escena II
Un salón en el Palacio Real.Una puerta a la derecha da a una gal a, otra a la izquierda que dá al departamento de la regente. Es de noche, el salón iluminado a medias con una solitaria lámpara.

Zacarias entra acompañado de un rabino cargando las Tablas de la Ley.

ZACARIAS
Vieni o Levita! Il santo
Codice reca! Di novel portento
Me vuol ministro Iddio!
Me servo manda, Per gloria d'Israele.
Le tenebre a squarciar d'un infedele.
Tu sul labbro de veggenti
Fulminasti, o sommo Iddio!
All'Assiria in forti accenti
Parla or tu col labbro mio!
E di canti a te sacrati
Ogni tempio suonerà;
Sovra gl'idoli spezzati
La tua legge sorgerà.

95. ¡Ven oh Levita! ¡Dame las santas
Tablas de la Ley! ¡Dios quiere que
yo sea el agente de un milagro!
Para la gloria de Israel.
Que desgarre las tinieblas de un infiel.
¡En los labios de los profetas
fulminaste, oh poderoso Dios!
A Asiria con fuerte acento.
¡Habla con mis labios!
Y con cantos sagrados para
Ti todos los templos resonarán;
Sobre los falsos ídolos
Tu ley surgirá.

Zacarias y el rabino entran al departamento de Fenena.

RABINOS
Che si vuol? Chi mai ci chiama?
Or di notte in dubbio loco?

96. ¿Qué es lo que quieren? ¿Quién nos
llama de noche a éste problemático lugar?

ISMAEL
Il Pontefice vi brama...

97. *(Entrando)*
El Pontífice los llama...

RABINOS
Ismael!

98. ¡Ismael!

ISMAEL
Fratelli!

99. ¡Hermanos!

RABINOS
Orror!
Fuggi! Va!

100. ¡Qué horror!
¡Huye! ¡Vete!

ISMAEL
Pietade invoco!

101. ¡Pido clemencia!

RABINOS
Maledetto dal Signor!
Il maledetto non ha fratelli...
Non v'ha mortal che a lui favelli!
Ovunque sorge duro lamento
All'empie orecchie lo porta vento!
Sulla sua fronte come il baleno
Fulge il divino marchio fatal!
Invan al labbro presta il veleno
Invan al core vibra il pugnal!

102. ¡Maldecido por Dios!
Los maldecidos no tienen hermanos...
¡No habrá mortal que te hable!
¡Por doquier surge duro lamento
que lleva el viento a los oídos impíos!
¡Sobre su frente como el rayo
brilla la divina marca fatal!
¡En vano el veneno se prepara para sus labios
y el puñal es dirigido a su corazón!

ISMAEL
Per amor del Dio vivente
Dall'anatema cessate!
Il furor mi fa demente!
Oh la morte per pietà!

103. ¡Por amor del Dios viviente
dejen de maldecirme!
¡El terror me va a enloquecer!
¡O la muerte por piedad!

RABINOS
Sei maledetto dal Signor!
Il maledetto non ha fratelli
Maledetto dal Signor!

104. ¡El Señor te ha maldecido!
¡Los malditos no tienen hermanos
Maldecido por el Señor!

ISMAEL
Cessate... ah!
Oh, la morte per pietà!

105. ¡Callen... ah!
¡O la muerte por piedad!

Entra Zacarias acompañado por Ana, Fenena y los rabinos.

ANA
Deh, fratelli, perdonate!
Un'ebrea salvat egli ha!

106. ¡Oh, hermanos, perdónenlo!
¡Él ha salvado a una hebrea!

RABINOS
Oh, che narri?

107. ¿Oh, que nos lo cuente?

ZACARIAS
Inni levate
All'Eterno! È verità!

108. ¡Canten himnos
Al Eterno! ¡Es verdad!

FENENA
Ma qual sorge tumulto!

109. ¡Pero que es ese tumulto!

ISMAEL, ZACARIAS, RABINOS
Oh, ciel! Che fia?

110. ¡Oh, cielo! ¿Qué será?

Entra el viejo Abdalo muy excitado.

ABDALO
Donna regal! Deh, fuggi! Infausto grido
Annunzia del mio re la morte!

111. ¡Real señora! ¡Huye! ¡Ese tumulto
anuncia la muerte de mi rey!

FENENA
Oh padre!

112. ¡Oh, padre!

ABDALO
Fuggi! Il popolo or chiama Abigaille
E costoro condanna.

113. ¡Huye! El pueblo llama a Abigail
y condena a los que están aquí.

FENENA
A che più tardo?
Io qui star non mi deggio!
In mezzo agli empi. Ribelli correrò!

114. ¿Para qué tardar más?
¡No debo de estar aquí!
¡Correré a encontrar a los rebeldes!

ISMAEL, ABDALO, ZACARIAS
Ferma! Oh sventura!

115. ¡Detente! ¡Oh que desventura!

El gran sacerdote de Baal y Abigail entran acompañados por los magos y un séquito.

GRAN SACERDOTE
Gloria ad Abigaille!
Morte Agli Ebrei!

116. ¡Gloria a Abigail!
¡Muerte a los Hebreos!

ABIGAIL
Quella corona or rendi!

(A Fenena)
117. ¡Rinde esa corona!

FENENA
Pria morirò!

118. ¡Primero moriré!

*Nabucodonosor entra con sus guerreros y se situa entre Abigail y Fenena
y tomando la corona se la coloca en la cabeza.*

NABUCCO
Dal capo mio la prendi!

(A Abigail)
119. ¡Tómala de mi cabeza!

**NABUCCO, ABIGAIL, FENENA,
ZACARIAS, ANA, ABDALO, GRAN
SACERDOTE, RABINOS**
S'appressane gl'istanti
D'un ira fatale; sui muti sembianti
Già piomba, il terror!
Le folgori intorno
Già schiudono l'ale!
Apprestano un giorno
Di lutto e squallore!

120.

¡Se acercan los instantes
de una ira fatal;
en sus mudos semblantes
ya cae el terror!
¡Los rayos están a punto de caer!
¡Ya viene un día
de luto y miseria!

NABUCCO
S'oda or me! Babilonesi,
Getto a terra il vostro Dio!
Traditori Egli vi ha resi,
Volle tôrvi al poter mio;
Cadde il vostro, o stolti Ebrei,
Combattendo contra me.
Ascoltate i detti miei...
V'è un sol Nume... il vostro Re!

FENENA
Cielo!

GRAN SACERDOTE
Che intesi!

ZACARIAS, RABINOS
Ahi stolto!

GUERREROS
Nabucco viva!

NABUCCO
Il volto
A terra omai chinate!
Me Nume, me adorate!

ZACARIAS
Insano! A terra, a terra
Cada il tuo pazzo orgoglio...
Iddio pel crin t'afferra,
Già ti rapisce il soglio!

NABUCCO
E tanto ardisci? O, fidi,
A pie del simulacro
Quel vecchio omai si guidi,
Ei pera col suo popolo.

FENENA
Ebrea con lor morrò.

NABUCCO
Tu menti! O iniqua prostrati
Al simulacro mio.

FENENA
Io sono Ebrea!

NABUCCO
Giù! Prostrati!
Non son più re, son Dio!

121. ¡Escúchenme! ¡Babilonios
Arrojé a tierra a su Dios!
Los ha rendido como traidores
y quiere rescatarlos de mi poder
Su Dios ha caído tontos Hebreos
combatiendo contra mí.
Escuchen mi dicho...
¡Solo hay un dios... su Rey!

122. ¡Cielo!

123. ¡Que oigo!

124. ¡Cielos, que tontería!

125. ¡Viva Nabucco!

126. ¡Postraos
sus caras a tierra!
¡Su dios, adórenme!

127. ¡Loco! Que caiga a la tierra
tu insano orgullo...
¡Dios te tomará de la cabellera
y te quitará el trono!

128. ¿Eres muy valiente? Oh, mis fieles
seguidores, conduzcan al viejo
al pie del ídolo.
El perecerá con su pueblo.

129. Una Hebrea morirá con ellos.

(Furibundo)
130. ¡Tú mientes! Póstrate infeliz
ante mi imagen.

131. ¡Yo soy Hebrea!

(Tomándola del brazo)
132. ¡Abajo! ¡Póstrate!
¡Ya no soy rey, soy Dios!

Un rayo cae por encima de Nabucodonosor.
Su corona es levantada por fuerzas sobrenaturales y se aterroriza y enloquece.

TODOS

Oh, come il cielo vindice
L'audace fulminò!

133. ¡Oh, el cielo venció
y fulminó al presuntuoso!

NABUCCO

Chi mi toglie il regio scettro?
Qual m'incalza orrendo spettro?
Chi pel crine ohimè! M'afferra?
Chi mi stringe?... Chi m'a terra?
Oh, mia figlia... E tu pur anco
Non soccorri al debil fianco?
Ah, fantasmi ho sol presenti
Hanno acciar di fiamme ardenti!
È di sangue il ciel vermiglio
Sul mio capo si versò!
Ah, perché, perché sul ciglio
Una lagrima spuntò?
Chi mi regge?... Io manco...

134. ¿Quién tomó mi real cetro?
¿Cuál horrendo espectro me persigue?
¿Quién tira de mi pelo?
¿Quién me aprieta y me aterra?
¡Oh, hija mía, no me ayudarás
a soportar mi debilidad?
¡Ah, fantasmas, están presentes con espadas
flamígeras ardientes
Y de sangre el cielo enrojecido
sobre mi cabeza se vertió!
¿Ah, porque, porque de mis ojos
una lagrima cae?
¿Quién me sostiene?... Me desmayo...

ZACARIAS

Il cielo
Ha punito il vantator!

135. ¡El cielo
Ha castigado al jactancioso!

Levantando la corona de Nabucodonosor.

ABIGAIL

Ma del popolo di Belo
Non fia spento lo splendore!

136. ¡Pero el pueblo de Baal
no perderá su esplendor!

Tercera Parte

La Profecía
Las bestias salvajes del desierto habitarán en Babilonia
y los buhos también vivirán ahi. — Jeremías

Escena I
Los Jardines Colgantes de Babilonia
Abigail sentada en el trono. Los magos y los nobles sentados a sus pies.
Cerca una gran estatua dorada de Baal.
El Gran Sacerdote rodeado por sus seguidores. Hombres, mujeres y soldados de Babilonia.

NOBLES, MAGOS, PUEBLO, SOLDADOS

137.

E l'Assiria una regina,
Pari a Bel potente in terra.
Porta ovunque la ruina
Se stranier la chiama in guerra.
Or di pace fra i contenti,
Degno premio del valor,
Scorrerà suoi dì ridenti
Nella gioia e nell'amor,
Or di pace fra i contenti,
Giusto premio del valor
Scorrerà suoi dì ridenti
Nella gioia e nell'amor.

Asiria es una reina tan poderosa
como Baal en la tierra.
Portante lleva la ruina
al extranjero que quiera guerra
Ahora en la alegría de la paz
digno premio del valor
ella pasará sus días sonriente
en la alegría y en el amor
Ahora en la alegría de la paz
justo premio del valor
pasará sus días sonriente
en la alegría y en el amor.

GRAN SACERDOTE

138.

Eccelsa Donna, che d'Assiria il fato
Reggi, le preci ascolta.
Dé fidi tuoi! Di Giuda gli empi figli
Penrano tutti, e pria colei che suora
A te nomar non oso...
Essa Belo tradì.

Excelsa Mujer Reina de Asiria,
escucha las plegarias de tus fieles.
Los malditos hijos de Judea debe
morir primero la mujer que no quiso
llamarte hermana...
Ella traicionó a Baal.

Le presenta un decreto de muerte para que lo firme.

ABIGAIL

139.

Che mi chiedete?
Ma chi s'avanza?

¿Qué quieres?
¿Pero quién viene?

Aparece Nabucodonosor pobremente vestido y con la barba crecida.
Los guardias al mando de Abdalo le abren paso con profundo respeto.

ABIGAIL *(continuato)*
Quale audace infrange
L'alto divieto mio?
Nelle sue stanze
Si tragga il veglio!

¿Quién es el audaz que
me interrumpe?
¡Lleven al anciano a su
departamento!

NABUCCO
Chi parlare ardisce
Ov'e Nabucco?

140.

(Desvariando)
¿Quién alza tanto la voz
en presencia de Nabucco?

ABDALO
Deh! Signore mi segui.

141.

(Respetuosamente)
Seguidme mí Señor.

NABUCCO
Ove condur mi vuoi? Lasciami... questa
È del consiglio l'aula. Sta! Non vedi?
M'attendon essi. Il fianco
Perché mi reggi? Debile sono, è vero,
Ma guai se alcuno il sa!
Vó che mi creda
Sempre forte ciascun. Lascia... Ben io
Or troverò mio seggio...

142.

¿Adónde me llevas? ¡Déjame!
¿Es la sala de Consejo, ves?
Me están esperando.
¿Porque me llevas?
Estoy débil, es verdad.
Pero cuida do con que lo sepan.
Quiero que me crean fuerte.
Déjame yo puedo ir a mi lugar...

Se acerca al trono y se dispone a ocuparlo.

Chi è costei?
Oh qual baldanza!

¿Quién es esta mujer?
¡Oh, que insolencia!

ABIGAIL
Uscite, o fidi miei!

143.

(Descendiendo del trono)
¡Salgan leales míos!

Todos se retiran.

NABUCCO
Donna chi sei?

144.

¿Mujer, quien eres tú?

ABIGAIL
Custode
Del seggio tuo qui venni!

145.

¡Custodia
De tu trono, me corresponde!

NABUCCO
Tu del mio seggio? Oh frode!
Da me ne avesti cenni? Oh, frode!

146.

¿Tu, de mi trono? ¡Impostora!
¿Te ordené que lo tomaras? ¡Impostora!

ABIGAIL
Egro giacevi... Il popolo
Grida all'Ebreo rubello;
Porre il regal sugello
Al voto sui dé tu.

147.

Te enfermaste... El pueblo
Grita contra el Hebreo rebelde;
Marca con el sello real
La sentencia de muerte para.

Le muestra el decreto de muerte para los Hebreos.

ABIGAIL (*continuato*)
Morte qui sta pei tristi.

Los malditos rebeldes.

NABUCCO
Che parli tu?

148. ¿Qué dices tú?

ABIGAIL
Soscrivi!

149. ¡Firma!

NABUCCO
M'ange un pensiero!

150. ¡Me molesta un pensamiento!

ABIGAIL
Resisti?
Sorgete. Ebrei giulivi!
Levate inni di gloria
Al vostro Iddio!

151. ¿Te rehúsas?
¡Surjan entonces hebreos felices!
¡Eleven himnos de gloria
a vuestro Dios!

NABUCCO
Che sento?

152. ¿Qué es lo que oigo?

ABIGAIL
Preso da vil sgomento
Nabucco non è più!

153. ¡Presa de vil locura
Nabucco ya no es él!

NABUCCO
Menzogna! A morte, a morte!
Tutto Israel sia tratto!
Porgi!

154. ¡Mentirosa! ¡La muerte, la muerte
para todo Israel!
¡Dame el decreto!

Sella el decreto y se lo entrega a Abigail.

ABIGAIL
Oh, mia lieta sorte!
L'ultimo grado è fatto!

155. ¡Oh, mi buena fortuna!
¡Se ha dado el último paso!

NABUCCO
Oh! ... Ma Fenena?

156. ¡Oh!... ¿Y Fenena?

ABIGAIL
Perfida!
Si diede al falso Dio!
Oh, pera!

157. ¡Pérfida!
¡Se entregó al falso Dios!
¡Morirá!

Entrega el decreto a dos guardias para que lo lleven lejos del rey.

NABUCCO
E sangue mio!

158. ¡Es mi sangre!

ABIGAIL
Niun può salvarla!

159. ¡Nadie puede salvarla!

NABUCCO
Orror!

160. ¡Qué horror!

ABIGAIL
Un'altra figlia...

161. Otra hija...

NABUCCO
Prostrati,
O schiava al tuo signor!

162. ¡Póstrate
Esclava ante tu señor!

ABIGAIL
Stolto! Qui volli attenderti!
Io schiava?

163. ¡Tonto! ¡Aquí quise esperarte!
¿Yo una esclava?

Buscando entre sus ropas el documento que prueba que Abigail es hija de esclavos.

NABUCCO
Apprendi il ver.

164. Entérate de la verdad.

ABIGAIL
Tale ti rendo, o misero,
Il foglio menzognere!

(Extrae el documento del seno y lo rompe.)
165. Esto te entrego, miserable.
¡El documento de la mentira!

NABUCCO
Oh, di qual onta aggravasi
Questo mio crin canuto!
Invan la destra gelida
Corre all'accia temuto!
Ahi, miserando veglio!
L'ombra tu sei del re!

166. ¡Oh, cuanta pena aflige
a mi canosa cabellera!
¡En vano mi mano derecha fría
trata de tomar la espada!
¡Ah miserable viejo!
¡Eres la sombra del rey!

ABIGAIL
Oh, dell'ambita gloria
Giorno, tu sei venuto!

167. ¡Ha llegado el día de
gloria tan esperado!

NABUCCO
Misero me!

168. ¡Pobre de mí!

ABIGAIL
Assai più vale il soglio
Che un genitor, perduto!

169. ¡Tiene más valor un trono
que un padre perdido!

NABUCCO
Ah!

170. ¡Ah!

ABIGAIL
Alfine cadranno i popoli
Di vile schiava al pie.

171. Al fin el pueblo caerá
a los pies de una vil esclava.

NABUCCO
Ahi, miserando veglio
L'ombra son io del re,
Ahi, miserando veglio, etc.

172.

Ah, miserable viejo
Soy la sombra del rey
Ah miserable viejo, etc.

ABIGAIL
Cadranno al piè,
Si, cadranno al piè,
Alfine cadranno i popoli, etc.

173.

Caerán a los pies,
Si caerán a los pies,
Al fin caerá el pueblo, etc.

Se escucha sonar de trompetas.

NABUCCO
Ah, qual suono?

174.

¿Qué es ese sonido?

ABIGAIL
Di morte è suono
Per egli Ebrei che tu dannasti!

175.

Es el sonido de la muerte
para los hebreos que condenaste.

NABUCCO
Guardie, olà! Traditor io sono!
Guardie!

176.

¡Guardia! ¡He sido traicionado! ¡Guardia!

Llegan algunos guardias.

ABIGAIL
O stolto! E ancor contrasti?
Queste guardie io le serbava
Per te solo, o prigion!

177.

¡Tonto! ¿Aun te opones a mí?
¡Yo reservé esta guardia
para prisionero!

NABUCCO
Prigioner?

178.

¿Prisionero?

ABIGAIL
Si... d'una schiava
Che disprezza il tuo poter!

179.

¡Si... de una esclava
que desprecia tu poder!

NABUCCO
Prigioner?

180.

¿Prisionero?

ABIGAIL
Si!

181.

¡Si!

NABUCCO
Deh perdona, deh perdona
Ad un padre che delira
Deh, la figlia mi ridona
Non orbarne il genitor!
Te regina, te signora
Chiami pur la gente Assira,
Questo veglio non implora
Che la vita del suo cor!

182. Perdona perdona
A un padre que delira.
¡Regrésame a mi hija
no me prives de ella!
Deja al pueblo de Asiria que
llame a su reina, a su señora.

¡Este viejo no te implora
más que la vida de su corazón!

ABIGAIL
Esci! Invan mi chiedi pace,
me non move il tardo pianto.

183. ¡Vete! En vano me pides la paz
No me conmueven tus lágrimas.

NABUCCO
Ah, perdona.

184. Ah, perdona.

ABIGAIL
Tal non eri, o veglio audace
Nel serbarmi al disonore.
Tal non eri, etc.

185. Tú no eras así, viejo audaz
cuando me reservaste el deshonor.
Tu no eras así... etc.

NABUCCO
Deh perdona, deh perdona
Ad un padre che delira!

186. ¡Perdona, perdona
A un padre que delira!

ABIGAIL
Invano!

187. ¡Es en vano!

NABUCCO
Deh, la figlia mi ridona
Non orbarne il genitor!

188. ¡Regrésame a mi hija
no me prives de ella!

ABIGAIL
Me non move il tardo pianto.
Esci!... Insano!

189. No me conmueve tu llanto.
¡Vete!... ¡Loco!

NABUCCO
Te regina, te signora
Chiami pur la gente Assiria.
Questo veglio non implora
Che la vita del suo cor!

190. A su reina a su señora
llama la gente asiria.
¡Este viejo no te implora
Más que la vida de su corazón!

ABIGAIL
Oh, vedran se a questa schiava
Mal s'addice il regio manto!
Or vedran s'io deturpava
Dell'Assiria lo splendor!
Invano lo chiedi a me.
Ah no!

191. ¡Ellos verán a ésta esclava
vistiendo el regio manto!
¡Ellos verán ahora como yo hago
grande de Asiria el esplendor!
En vano me pides gracia.
¡Ah, no!

NABUCCO

Deh perdona, deh perdona
Ad un padre che delira
Ah, la figlia mi ridona
non orbarne il genitor.
Deh, perdona! Io non imploro
Che la vita del mio cor.
Deh, perdona a me.

192. Perdona, perdona
A un padre que delira
Regrésame a mi hija
no me prives de ella.
¡Perdona! Yo no imploro
Más que la vida de mi corazón.
Perdóname.

Escena II

En las riberas del Eufrates

Encadenados y condenados a trabajos forzados.

HEBREOS

Va pensiero, sull'ali dorate,
Va, ti posa sui clivi, sui colli
Ove olezzano tepide e molli
L'aure dolci del suolo natal.
Del Giordano le rive saluta.
Oh, mia patria si bella e perduta!
Oh membranza si cara e fatal!
Arpa d'ôr dé fatidici vati
Perche muta dal salice pendi?
Le memorie nel petto raccendi
Ci favella del tempo che fu!
O simile di Solima ai fati
Traggi un suono di crudo lamento,
O t'ispiri il Signore un concento.
Che ne infonda al patire virtù.

193. Vaya el pensamiento en alas doradas
pósate en barrancos y colinas
donde las suaves brisas y aromas
del suelo natal saludan al Jordán
y a las altas torres de Sion.
¡Oh mi bella patria perdida!
¡Oh remembranza querida y fatal!
Arpa de oro del fatídico profeta.
¿Porque mutan las ramas del sauce?
¡Renacen en el pecho los recuerdos
de tiempos pasados!
Pensamos en la suerte de Jerusalén
Llega el sonido de crudos lamentos.
Que el Señor te inspire valor
para resistir el sufrimiento.

ZACARIAS

Oh, chi piange? Di femmine imbelli
Chi solleva lamenti all'Eterno?
Oh, sorgete angosciati fratelli,
Sul mio labro favella il Signor!
Del futuro nel buio discerno...
Ecco rotta l'indegna catena!
Piomba già sulla perfida arena
Del leone di Giuda il furor!

194. *(Entrando)*
¿Oh, quien llora?
¿Quién eleva lamentos al Eterno?
Levantaos angustiados hermanos.
¡Por mis labios habla el Señor!
¡En lo obscuro del futuro
yo veo rota la indigna cadena!
Que caiga sobre la pérfida arena.
¡El furor del león de Judea!

HEBREOS

Oh, futuro!

195. ¡Oh, futuro!

ZACARIAS

A posare sui crani sull'ossa
Qui verranno le iene, i serpenti
Fra la polve dall'aure commossa
Un silenzio fatale regnerà!
Solo il gufo suoi tristi lamenti
Spiegherà quando viene la sera...
Niuna pietra ove sorse l'altera
Babilonia allo stranio dirà.

HEBREOS

Oh qual foco nel veglio balena!
Sul suo labbro favella il Signor!
Sì, fia rotta l'indegna catena...
Già si scuote di Giuda il valor!

196. ¡A posarse en los cráneos y huesos
veremos a las hienas y serpientes
entre el polvo que alza el viento
un silencio fatal reinará!
El triste lamento del búho se
extenderá cuando llegue la noche...
Ninguna piedra quedará para decir
al extraño en donde estaba Babilonia.

197. ¡Oh que fuego arde en el viejo!
¡Por sus labios habla el Señor!
¡Las indignas cadenas serán rotas...
ya se levanta de Judea el valor!

Cuarta Parte

El Ídolo Roto
Baal está confundido,
sus ídolos están rotos en pedazos. — Jeremías

Escena I
Un apartamento en el palacio.
Nabucco sentado en una silla inmerso en profundo sopor.

NABUCCO
Son pur queste mie membra?
Ah! Fra le selve non scorrea anelante
Quasi fiera inseguita?
Ah! Sogno ei fu... terribil sogno!
Or ecco il grido di guerra!
O la mia spada!
Il mio destrier che alle battaglie anela
Come fanciulla a danze!
Oh prode miei! Sionne,
La superba cittade, ecco, torreggia
Sia nostra cada in cenere.

VOCES
Fenena!

NABUCCO
Oh, sulle labbra dé miei fidi il nome
Della figlio risuona!

198.

(Despierta ansioso)
¿Estas son mis piernas?
¡Ah! ¿Entre los bosques
Yo estaba huyendo como?
¡Ah! ¡Fue un sueño terrible!
¡Ahi está el grito de guerra!
¡Oh mi espada!
¡Mi corcel que anhela la batalla tanto!
¡Como una doncella la danza!
¡Oh mis valientes tropas! Sion,
la orgullosa ciudad, ahí estás dominante
Si serás nuestra aun en cenizas.

199. ¡Fenena!

200.
¡De los labios de mis leales,
resuena el nombre de mi hija!

Se asoma a la vantana.

Ecco ella scorre
Fra le file guerriere! Ohimè traveggo?
Perché le mani di catene ha cinte?
Piange!

VOCES
...Fenena a morte!

Ahi viene corriendo
entre los guerreros. ¡Cielos! ¿Que veo?...
¿Porque sus manos están encadenadas?
¡Llora!

201. ¡Muerte a Fenena!

Rayos y truenos. La cara de Nabucodonosor adquiere nueva expresión.

Corre a una puerta tras otra tratando de salir pero las encuentra todas cerradas con llave.

NABUCCO

Ah! Prigioniero io sono!	202.	¡Ah! ¡Soy prisionero!

Regresa al balcón y se queda mirando fijamente hacia la calle.

Dio degli Ebrei, perdono!	¡Perdón, Dios de los Hebreos!

Cae de rodillas.

Dio di Giuda! L'ara, il tempio	Dios de Judea, el altar, el Templo
A te sacri sorgeranno.	sagrados resurgirán.
Deh! Togli a tanto affanno	Sálvame de tanta angustia
E miei riti struggerò.	Y destruiré mis ritos.
Tu m'ascolti... Già dell'empio	Escúchame... ¡Mi mente enferma ya
Rischiarata è legra mente!	se ha aclarado!
Ah! Dio verace, onnipossente,	¡Ah! ¡Dios verdadero, omnipotente,
Adorarti, ognor saprò!	Yo sabré adorarte!

Se levanta y trata de abrir con violencia la puerta.

Porta fatal, or t'aprirai!	¡Te abrirás puerta fatal!

ABDALO

Signore.	203.	*(Entra acompañado de guerreros)* Señor.
Ove corri?		¿A dónde vas?

NABUCCO

Mi lascia!	204.	¡Déjame!

ABDALO

Uscir tu brami	205.	¿Tú quieres salir
Perchè s'insulti alla tua mente offesa?		Porque se insulta a tu mente?

GUERREROS

Oh, noi tutti qui siamo in tua difesa!	206.	¡Oh, nosotros venimos a defenderte!

NABUCCO

Che parli tu? La mente	207.	*(A Abdalo)* ¿Qué dices? ¡Mi mente
Or più non è smarrita!		ya no está enferma! Abdalo
Abdalo, il brando, il brando mio...		mi espada, la espada mía...

ABDALO

Per conquistare il soglio	208.	¡Para reconquistar el trono
Eccolo, o re!		aquí estamos oh Rey!

NABUCCO

Salvar Fenena io voglio.	209.	Quiero salvar a Fenena.

ABDALO, GUERREROS

Cardan, cadranno... i perfidi
Come locuste al suolo!
Per te vedrem rifulgere
Sovra l'Assiria il sol!

210. ¡Los traidores caerán... caerán
como langostas al suelo!
¡Por ti veremos fulgurar
sobre Asiria el sol!

NABUCCO

O prodi miei seguitemi
S'apre a la mente il giorno;
Ardo di fiamma insolita.
Re dell'Assiria io torno!
Di questo brando al fulmine
Cadranno gli empi, cadranno al suolo.
Tutto vedremo rifulgere
Di mia corona al sol.
Andiamo, vedrem rifulgere
Di mia corona al sol.
Andiamo, andiamo.

211. Seguidme mis valientes
Se abre a la mente el día;
Ardo como flama insólita.
¡Regreso como Rey de Asiria!
Al brillo de ésta espada
caerán los impíos, caerán al suelo.
Todo verá resplandecer
en mi corona al sol.
Vamos, verán resplandecer
en mi corona al sol.
Vamos, vamos.

ABDALO, GUERREROS

Per te vedremo rifulgere
Sovra l'Assiria il sol.
Andiamo, andiamo.

212. Por ti veremos resplandecer
sobre Asiria el sol.
Vamos, vamos.

Escena II
Los Jardines Colgantes

El Gran Sacerdote de Baal está ante el altar de los sacri ficios. Fenena y otros Hebreos condenados a muerte llegan acompañados por los lúgubres acordes de música fúnebre.

Marcha fúnebre
Fenena se arrodilla ante Zacarias.

ZACARIAS

Va! La palma del martirio,
Va, conquista, o giovinetta.
Troppo lungo fu l'esiglio
È tua patria il ciel! T'affretta!

213. ¡Ve! A conquistar la palma del
martirio oh joven doncella.
¡Muy largo fue el exilio
Tu patria está en el cielo!

FENENA

Oh, dischiuso è El firmamento!
Al Signor lo spirto anela...
Ei m'arride, e cento, e cento
Gaudi eterni a me disvela!
O splendor degl'astri, addio!
Me di luce irradia Iddio!
Già dal fral, che qui ne impiomba,
Fugge l'alma e vola al ciel!

214. ¡Oh, el firmamento está abierto!
Mi alma anhela al Señor...
¡Él me sonríe y cientos
de glorias eternas me revela!
¡Oh esplendor de los astros, adiós!
¡Dios me ilumina con su luz!
¡De este cuerpo mortal se fuga
mi alma y vuela al cielo!

VOCES

Viva Nabucco!

215. ¡Viva Nabucco!

41

ANA, FENENA, ISMAEL,
ZACARIAS   216.
Qual grido è questo?   ¿Qué grito es ese?

VOCES
Viva Nabucco!   217.   ¡Viva Nabucco!

GRAN SACERDOTE
Si compia il rito!   218.   ¡Que se cumpla con el rito!

Entra corriendo con su espada ensangrentada seguido por Abdalo y algunos guerreros.

NABUCCO
Empi, fermate! L'idoli funesto,   219.   ¡Impíos, deténganse! ¡Guerreros míos
Guerrier frangete   destruyan el ídolo funesto
qual polve al suol!   que caiga como polvo al suelo!

El idolo cae por si solo y se rompe en pedazos.

FENENA, ZACARIAS, ANA,
ABDALO, ISMAEL, HEBREOS   220.
Divini prodigio!   ¡Divino prodigio!

NABUCCO
Ah, torna Israello,   221.   Ah, retorna Israel,
Torna alle gioie del patrio suolo.   Torna a la gloria del patrio suelo.
Sorga al tuo Nome, tempio novello,   Que surja un nuevo Templo a tu Dios,
Ei solo è grande. É forte Ei sol!   El solo es grande y fuerte. ¡El solo!

TODOS   *(Arrodillándose)*
Immenso Jeovha...   222.   Inmenso Jehovah...

FENENA, ISMAEL, NABUCCO,
ZACARIAS   223.
Chi non ti sente?   ¿Quién no te siente?

TODOS
Chi non è polvere...   224.   Quien no es polvo...

FENENA, ISMAEL, NABUCCO,
ZACARIAS   225.
Innanzi a te?   ¿Enfrente de ti?

ZACARIAS
Immenso Jeovha!   226.   ¡Inmenso Jehovah!
Chi non ti sente?   ¿Quién no te siente?

TODOS
Jeovha!   227.   ¡Jehovah!

ZACARIAS
Chi non e polvere
Innanzi a te!

228. ¡Quien no es polvo
enfrente de Ti!

TODOS
Ah! Immenso Jeovha!

229. ¡Ah! ¡Inmenso Jehovah!

FENENA, ISMAEL, NABUCCO, ZACARIAS
Tu spandi un'iride?
Tutto è ridente.

230.

¿Tú creas un arco iris?
Todo es radiante.

TODOS
Tu vibri il fulmine?
L'uomo più non è.

231. ¿Tú liberaste el rayo?
El hombre no lo hizo.

ZACARIAS
Immesso Jeovha,
Chi non ti sente?
Chi non pe polvere
Innanzi a te? Dinnanzi a te?

232. ¡Inmenso Jehovah,
Quién no te siente?
¿Quién no es polvo
enfrente de Ti? ¿Frente a Ti?

TODOS
Jeovha, ah immenso Jeovha!

233. ¡Jehovah, ah inmenso Jehovah!

Entra Abigail sostenida por dos soldados.

NABUCCO
Oh! Chi veggio?

234. ¡Oh! ¿A quién veo?

HEBREOS
La misera
A che si tregge or qui?

235. ¿Para qué se arrastró hasta aquí
esta miserable?

ABIGAIL
Su me... morente... esanime.

236. *(A Fenena)*
Que tu... perdón... descienda a mí.

Discenda... il tuo perdono!
Fenena! Io fui colpevole...
Punita or ben ne sono.

¡Que estoy moribunda y exánime!
¡Fenena! Yo fui culpable...
He sido castigada.

Vieni, costor s'amavano...

(A Ismael)
Ven, antes nos amamos...

Fidan lor speme in te!
Or chi mi toglie al ferreo
Pondo del mio delitto?

(A Nabucco)
¡Sus esperanzas tienen en ti!
¿Quién me liberará del gran
peso de mi delito?

Ah! Tu dicesti o popolo:
Solleva Iddio l'afflitto.

(A los Hebreos)
Tú dijiste pueblo:
Dios levanta a los afligidos.

HEBREOS
Solleva Iddio l'afflitto.

ABIGAIL
Te chiamo... O Dio te venero...
Non maledire a me...

HEBREOS
E morta!

ZACARIAS
Servendo a Jeovha,
Sarai de regi il re!

237. Dios levanta a los afligidos.

238. Te llamo... Oh Dios te venero...
No me maldigas...

Cae y muere.

239. ¡Está muerta!

(*A Nabucco*)
240. ¡Sirviendo a Jehovah,
Tú serás rey de reyes!

FIN

Biografía de Giuseppe Verdi

Giuseppe Verdi nació en el seno de una familia muy modesta, el 10 de Octubre de 1813 en una pequeña población llamada Le Roncole perteneciente al Ducado de Parma en el norte de Italia, en ese entonces bajo el dominio de Napoleón.

Verdi contó desde muy joven con la protección de Antonio Barezzi, un comerciante de Busseto, pueblo vecino a Le Roncole, quien creyó en el potencial musical del joven. Gracias a su apoyo, Verdi pudo desplazarse a Milán con la intención de ingresar como estudiante al Conservatorio cosa que no logró debido a obstáculos burocráticos.

Durante 18 meses de la educación musical de Verdi, en Milán, quien se desempeñó en forma brillante como estudiante.

Sin embargo, por recomendación de Antonio Barezzi, el maestro Vincenzo Lavigna se hizo cargo durante 18 meses de la educación musical de Verdi, en Milán, quien se desempeñó en forma brillante como estudiante.

El 4 de Mayo de 1836, Verdi y Margherita, hija de Antonio Barezzi contrajeron nupcias, ambos tenían 23 años. El 23 de Marzo de 1837, Margherita dio a luz una niña que fue bautizada con el nombre de Virginia Maria Luigia.

En 1836, Verdi fue nombrado Maestro de Música de Busseto y un año después, en Milán, estrenó su primera ópera Oberto Conte di San Bonifacio que resultó todo un éxito y le procuró un contrato con el Teatro alla Scala. El 11 de Julio de 1836 nació el segundo hijo de Margherita, lo llamaron Icilio, Romano, Carlo, Antonio.

En 1840, comenzaron las desgracias en la vida de Verdi, primero enfermó su hijo y falleció, pocos días después, la niña también enfermó gravemente y murió y por último en los primeros días de Junio, Margherita contrajo la encefalitis y también falleció.

Todo esto sumió a Verdi en una profunda depresión que estuvo a punto de hacerlo abandonar su carrera musical. En esos días Ricordi su editor, le mostró el libreto de *Nabucco* que le devolvió su interés por la composición.

El 9 de Marzo de 1842 Verdi estrenó *Nabucco* en el Teatro alla Scala, el estreno constituyó un gran éxito y fue su consagración como compositor.

Durante los ensayos de *Nabucco*, Verdi conoció a Giuseppina Strepponi la protagonista de la ópera, que se convirtió en su pareja y con quien se casó en 1859 y vivió con ella hasta 1897 año en que ella murió.

Verdi escribió un total de 27 óperas, una misa de *Requiem*, un *Te Deum, el Himno de las Naciones*, obras para piano, para flauta, y otras obras sacras.

Verdi dejó su cuantiosa fortuna para el establecimiento de una casa de reposo para músicos jubilados que llevaría por nombre La Casa Verdi, en Milán que es en donde se encuentra enterrado junto con Giuseppina.

Verdi falleció en Milán, de un derrame cerebral el 27 de Enero de 1901 a los 88 años de edad. Su entierro causó una gran conmoción popular y al paso del cortejo fúnebre el público entonó el coro de los esclavos de *Nabucco* "*Va pensiero sull ali dorate.*"

Óperas de Verdi

Aida	La Battaglia di Legnano
Alzira	La Forza del Destino
Attila	La Traviata
Don Carlo	Luisa Miller
Ernani	Macbeth
Falstaff	Nabucco
Giovanna D'Arco	Oberto Conte di San Bonifacio
I Due Foscari	Otello
I Lombardi	Rigoletto
I Masnadieri	Simon Boccanegra
I Vespri Siciliani	Stiffelio
Il Corsaro	Un Ballo in Maschera
Il Re Lear	Un Giorno de Regno
Il Trovatore	

Acerca de Estas Traducciones

El Dr. Eduardo Enrique Prado Alcala nació en 1937 en el norte de México, estudió la carrera de medicina y se especializó en cáncer ginecológico y cáncer de mama.

Ejerció su carrera durante 40 años y finalmente llegó a la edad del retiro.

Desde la edad de 42 años, se hizo aficionado a la ópera y a la música clásica y formó parte de un grupo de amigos aficionados a estas disciplinas. Tuvo la oportunidad de asistir a funciones operísticas en la Ciudad de México, en Guadalajara México, en Toluca México, en Mazatlán México, en Seattle, en Madrid y en Londres. Organizó en la Ciudad de Mazatlán tres conciertos de música clásica, uno de ellos en la catedral.

Jugum Press y Ópera en Español

Prensa publica estas traducciones de ópera por *Dr. E.Enrique Prado:*

Vincenzo Bellini:
Norma

Georges Bizet:
Carmen

Gaetano Donizetti:
Anna Bolena, Don Pasquale, Lucia di Lammermoor, Lucrezia Borgia

Ruggero Leoncavallo:
I Pagliacci

Pietro Mascagni:
Cavalleria Rusticana

Wolfgang Amadeus Mozart:
Die Zauberflöte, Don Giovanni, Le Nozze di Figaro

Giacomo Puccini:
La Boheme, La Fanciulla del West, Madama Butterfly, Manon Lescaut, Tosca
El Tríptico: Gianni Schicchi, Suor Angelica, Il Tabarro

Giacchino Rossini:
Il Barbiere Di Siviglia, La Cenerentola

Giuseppe Verdi:
Aida, Un Ballo in Maschera, Don Carlo, Ernani, Falstaff, La Forza del Destino, I Lombardi, Macbeth, Nabucco, Otello, Rigoletto, Simon Boccanegra, La Traviata, Il Trovatore

Para información y disponibilidad, por favor vea
www.operaenespanol.com
Correo: JugumPress@outlook.com
Síganos en Twitter: @jugumpress
Regístrate para nuestras noticias: http://eepurl.com/5m7tj